공을
보라

See the Ball

공을 마주하는 순간,
우리는 결국 자신을 마주하게 된다.

To face the ball is to face oneself.

고영관
KYLE KO

“의인은 일곱 번 넘어질지라도
다시 일어나려니와.”

“Though the righteous fall seven times,
they rise again.”

잠언 24:16
Proverbs 24:16

목 차

Prologue

공을 보라는 말이 남는 이유

골프를 가르치며
가장 많이 한 말이

무엇이냐고 묻는다면
나는 주저 없이
이렇게 말할 것이다.

"공을 보세요."

이 말은
너무 단순해서
오히려 가볍게 들린다.

하지만 나는
수없이 많은 스윙을 보며
이 말을
다시 꺼내야 했다.

초보자에게도,
상급자에게도.

잘 맞지 않는 날에도,
잘 맞는 날에도.

어떤 날은 기술이 무너졌고,
어떤 날은 기억이 흔들렸고,
어떤 날은 마음이 먼저 달려갔다.

그 모든 순간에
나는 다시
같은 말을 했다.

"공을 보세요."

이 책은
그 말의 의미를
다시 묻기 위해 쓰였다.

왜 우리는
보고 있다고 생각하면서도
놓치고 있는가.

왜 연습장에서는 되던 것이
필드에서는 사라지는가.

왜 생각이 개입하면
스윙은 무거워지는가.

왜 결국 우리는
다시 공으로 돌아오는가.

공을 보라는 말은
눈의 문제가 아니다.

이 책은
그 말이 왜 사라지지 않는지에 대한 이야기다.

P A R T   I

마음은
스윙보다 먼저 움직인다.

The mind moves
before the swing ever begins.

1장

아무것도 모를 땐, 스트레스도 없다.
Where there is no awareness, there is no stress.

처음 골프를 시작했을 때를 떠올려 본다.

공이 어디로 가는지도 몰랐고,
스윙이 어떤 모양인지도 몰랐다.

그저 맞히면 기뻤고,
멀리 날아가면 더 좋았다.

잘못 맞아도 웃었고,
땅을 먼저 쳐도
민망함보다 재미가 앞섰다.

그때는 몰랐다.
무엇이 옳은지,
무엇이 틀린지.

그래서
스트레스도 없었다.

어느 순간부터
우리는 알기 시작한다.

백스윙의 각도,
임팩트의 위치,
헤드의 궤도,
체중 이동의순서.

알게 되면서
기대가 생긴다.

"이제는 잘 쳐야지."
"이 정도는 나와야지."

지식은
실력을 올려주기도 하지만
기준을 만든다.

그리고 그 기준은
조용히
압박이 된다.

예전에는

공이 오른쪽으로 가면
그냥 그런 날이었다.

하지만 이제는 다르다.

"왜 또 밀렸지?"
"아까 배운 대로 했는데..."
"내가 뭘 잘못했지?"

모른다는 건
가벼운 상태였다.

하지만
안다는 순간
표정이 달라진다.

실수는
그저 실수로 끝나지 않는다.

의미가 붙는다.

그래서 우리는,
처음이 가장 가볍다.
"나는 왜 이렇게 못하지?"
"나는 멘탈이 약한가?"

기술이 늘면서
스트레스도 함께 늘어난다.

모르는 시절의 가벼움은
실력이 부족해서가 아니라
기준이 없었기 때문이다.

기준이 생기면
비교가 생기고,

비교가 생기면
압박이 따라온다.

우리는 더 잘 치기 위해 배웠지만,

어느 순간
그 배움이 어깨를 무겁게 만든다.

그렇다면
다시 아무것도 모르는 때로
돌아가야 할까?

그럴 수는 없다.

우리는 이미 알게 되었고,
알게 된 순간
이전의 가벼움으로는 돌아갈 수 없다.

스트레스는
약함의 증거가 아니다.

기준이 생겼다는
증거다.

그리고
그 기준을
어떻게 받아들이는지가

골프를 오래 사랑할지,
무겁게 만들지를
결정한다.

우리는 실력을 배우는 동시에,
무게도 함께 배우고 있었다.

2 장

왜 연습장에서는 되는데, 필드에서는 안 될까
Why does it work on the range, but not on the course

"연습장에서는 괜찮았는데요."
"이상하게 안되네…"

이 말은
거의 모든 골퍼가
한 번쯤 한다.

연습장에서는

공이 항상 같은 자리에 있고,
누가 보고 있지 않고,
아무 일도 일어나지 않는다

하지만 필드에서는

공은 같은데,
마음은 달라진다.

OB, 헤저드가 보이고,
앞 조가 기다리고 있고,
동반자가 지켜본다.

그 순간,

마음이
먼저 계산을 시작한다.

'여기서는 실수하면 안 돼.'
'이번 홀은 만회해야 하는데...'

몸은 아직 움직이지 않았지만
이미
스윙은 무거워진다.

그래서
연습장과 필드의 차이는
환경이 아니다.

마음의 속도다.

3 장

마음은 언제 스윙을 앞질러 가는가
When the Mind Gets Ahead of the Swing

스윙은
하나의 동작이지만

마음은
한 동작이 아니다.

마음은
기억을 불러오고,
미래를 계산하고,
타인의 시선을 상상한다.

마음은
스윙보다 빠르다.

그래서 우리는
공을 보기 전에
이미 많은 것을 보고 있다.

이전 홀의 실수,
스코어카드,
동반자의 표정,
코치의 말.

이 모든 것이
눈에 보이지 않지만
이미 시야 안에 있다.

그리고
그 모든 것이
스윙보다 먼저 움직인다.

그래서 어떤 날은
아무 이유 없이 몸이 무겁고,

어떤 날은
설명할 수 없이 가볍다.

차이는
기술이 아니라

마음이 먼저 나갔는지,
조용히 기다렸는지에 있다.

기준이 생기면,
몸도
그 기준에 반응하기 시작한다.

해도 해도 늘지 않는다고
하소연하는 사람들의
푸념 앞에 서보니
한 가지 생각이 들었다.

사람은
결과가 늦는 것을
견디지 못한다는 사실.

우리는 살면서
빨리 되는 것과
유독 늦는 것을
함께 경험한다.

어떤 것은 남들보다 앞서지만
어떤 것은
끝내 늘지 않는다.

왜 이리 더딜까.
왜 이리 안 될까.

하지만
그 모든 것 중에서도
끝내 배신하지 않는
한 가지가 있다.

공을 보는 일.

그렇게 공을 보게 되는 일.

그것만큼은
재능도,
환경도,
운도 필요 없다.

의지만 남는다.

PART II

눈은

몸보다 먼저 반응한다.

The Eyes React Before the Body

4 장

"조금 더"라는 말의 오해
The Misconception of "A Little More"

"클럽 헤드를 조금 더 앞으로 들어보세요."
"상체를 조금만 더 숙여보세요."

나는 그렇게 말한다.

골퍼는 움직인다.
그리고 말한다.

"이만큼이면 많이 한 거 아닌가요?"
"와! 진짜 많이 숙였는데..."

하지만

내 눈에는
거의 변한 것이 없다.

이 장면은
골프장과 레슨 현장에서
매일 반복된다.

우리는
스스로의 기준으로
세상을 본다.

지금의 자세,
지금의 감각이
나에게는 '정상'이다.

그 기준에서
1cm 만 벗어나도
몸은 이미
"많이 움직였다"고 느낀다.

그러나
코치의 눈에는
그 변화가 거의 보이지 않는다.

여기서
오해가 시작된다.

문득 이런 생각이 든다.

요리사가 말한다.

"소금은 이만큼만 넣으세요."
"설탕은 요만큼만 넣으세요."

그리고
엄지와 검지로
공기를 집는다.

그 손끝에는
분명한 양이 담겨 있다.

하지만
배우는 사람에게는
그저 허공을 집는 동작처럼 보인다.

그래서 묻게 된다.

"이만큼이 얼마죠?"

"요만큼은
대체 얼마인지…"

요리사의 '이만큼'과 '요만큼'은
수많은 경험 위에 쌓인
감각이다.

골프도 다르지 않다.

고치의 "조금 더"는
수많은 스윙을 본
감각에서 나온 말이다.

그러나
골퍼에게 그 말은
공기처럼 막연하다.

같은 단어지만
서로 다른 기준에서
출발한다.

골퍼는
거짓말을
하는 것이 아니다.

정말로
그렇게 느낀다.

몸은
낯선 움직임을
과장해서 받아들인다.

그래서
골퍼의 '많이'와
코치의 '조금'은
서로 다른 세계에 있다.

나는 어느 날부터
"조금 더"라는 말을
줄이기 시작했다.

"그립의 위치를
손가락 한 마디 크기만큼 더 아래로."

"몸의 무게가
공보다 약간 더 왼발에 오도록."

"지금 느낌이 60 이라면,
90 까지 느낌을 만들어 보세요."

대부분의 골퍼는
100 이라고 느끼는 순간이 실제로는 70 정도다.

그때
비로소 코치가 말하던 '조금'이 보이기 시작한다.

우리는
움직임을 배우는 것이 아니라,

감각의 기준을,
다시 세우고 있는지도 모른다.

5 장

공을 본다는 착각
The Illusion of Seeing

"공을 보세요."
"사라질 때까지 봐야 합니다."

우리는
이 말을
너무 쉽게 한다.

골퍼는 말한다.

"네, 보고 있어요."

정말 보고 있을까.

임팩트 순간
공을 스쳤다고 느끼는 그때,

이미 우리는
봤다고 생각한다.

하지만
그것은
보는 것이 아니라

봤던 기억을
더듬는건 아닐까.

눈은
공 근처에 있었고,
머리는 크게 들리지 않았고,
어드레스 때
분명히 공을 바라보고 있었다.

그래서 확신한다.

"보고 있었어요."

하지만
영상은 다르게 말한다.

임팩트 직전

시선은 흔들리고,
목은 먼저 풀리고,
몸은 타깃 쪽으로 열리고 있다.

골퍼는
거짓말을 하지 않는다.

정말로
보고 있었다고
느낀다.

문제는
'본다'의 기준이다.

코치가 말하는 '본다'는
공을
확인하는 것이 아니다.

임팩트 이후까지
시선이 남아 있는 상태다.

그러나
골퍼의 '본다'는
확인이 아니라
확신에 가깝다.

여기에도
같은 구조가 있다.

적게 했지만
많이 했다고 느끼는 감각.

기준이
움직이지 않았기 때문이다.

공을 본다는 것은
눈의 문제가 아니라
기다림의 문제다.

임팩트 이후
아무 일도 하지 않는
0.2 초를
버틸 수 있는가의 문제다.

인간의 시각 반응 시간은
약 0.2 초다.

그 사이에
우리는 이미
고개를 든다.

우리는
공을 보지 못하는 것이 아니라,
결과를 너무 빨리 확인하려 한다.

그래서
그 0.2 초가
무너진다.
그 무너짐이 다음 스윙의 기준이 된다.

6 장

몸은 눈보다 먼저 반응한다.
The Body Reacts Before the Eyes

우리는
눈이 먼저 반응한다고
믿는다.

그러나
몸은
그보다 먼저 움직인다.

눈이
본다고 생각하는 순간에도

몸은 이미
다음 동작을
준비하고 있다.

결과를 확인하려는 조급함,
방향을 따라가려는 본능,
잘 맞았는지 알고 싶은 욕구.

그 모든 것이
임팩트보다 먼저 움직인다.

몸은
눈보다 빠르다.

그래서 우리는
보고 있다고 믿는 순간에도

이미 고개를 들고 있고,
이미 몸을 열고 있고,
이미 결과를 쫓고 있다.

몸은
눈보다 빠르다.

그래서 우리는
보고 있다고 믿는 순간에도
이미 움직이고 있다.

그리고
그 사실을 잘 모른다.

7 장

긴장과 이완 '같이 가는 스윙'
Tension and Release — A Swing in Balance

사람들은 보통
백스윙에서 힘을 빼고
다운스윙에서 힘을 준다.

준비는 느슨하게,
행동은 강하게.

그게
자연스럽다고 믿는다.

하지만
골프는
본능을 따를수록
어긋나는 운동이다.

나는 상급자에게
순서를 바꾸라고 말한다.

왜 상급자에게
순서를 바꾸라고 말하는가

나는 상급자가
이유 없이 중하급자로 전락하는 순간을
너무 많이 보아왔다.

싱글이 되는 것보다
싱글을 유지하는 것이
더 어렵다.

그래서

상급자일수록
익숙한 움직임이 아니라
의식된 움직임을
기억해야 한다.

백스윙에서는
몸의 긴장을 유지한 채

그립의 압력을 놓지 않고
정해진 궤도로
천천히 올린다.

힘을 쓰라는 뜻이 아니다.

흔들리지 말라는 뜻이다.

백스윙은
속도를 만드는 시간이 아니라
형태를 저장하는 시간이다.

숨을 들이 마시는 순간처럼,
내쉬기 전에
안을 고르게 채우는 일이다.

그리고 내려올 때,
나는 말한다.

"숨을 후... 하고 뱉으세요."

물고 있던 숨을
밀어내듯이.

강해지려고 하지 말고,
같이 내려오라고.

헤드가 내려오면
손도 같이 내려오고,

속도가 붙으면
악력은 억지로 주는 것이 아니라
자연스럽게 생긴다.

헤드와 손 사이에
보이지 않는 당김이 생긴다.

손이 느슨해지면
둘은 같이 가지 못한다.

반대로
손이 먼저 강해지면
헤드는 따라오지 못한다.

스윙은
힘의 문제가 아니라

관계의 문제다.

헤드와 손이
같이 가느냐의 문제다.

나는 힘을 가르치지 않는다.

같이 가는 법을
가르친다.

같이 내려오고,
같이 흐르고,
같이 풀릴 때,

머리는 남고
몸만 움직인다.

시선은
흔들리지 않고

공은
끝까지
그 자리에 있다.

이것이
결국
공을 볼 수 있는
조건이다.

8 장

절차적 기억은 왜 쉽게 무너질까
Why Does Procedural Memory Break Down So Easily

연습장에서 되던 스윙이
필드에서 사라지는 이유도
같다.

몸은
배운 동작을
기억한다.

하지만

기준이 흔들리는 순간,
그 기억은
쉽게 개입당한다.

"상체회전은 제대로 하고 있나?"
"너무 많이 숙인 건 아닐까?"

의도적 생각이
개입하는 순간,

절차적 기억은
흔들린다.

문제는
기술이 아니라
기준의 불안이다.

그리고 그 불안은
환경이 바뀌는 순간
더 쉽게 드러난다.

그렇다면

절차적 기억이란
무엇인가

PART III

기억은
어떻게 스윙을 무겁게 만드는가

How Memory Weighs Down the Swing

9 장

공을 보라 '600 년 동안 변하지 않은 한 문장'
See the Ball — A Phrase Unchanged for Six Hundred Years

골프가 태어난 지
600 년이 넘었다.

클럽은 변했고,
볼도 변했고,
스윙 이론은 수없이 뒤집혔다.

원플레인,
투플레인,
지면반력,
회전 토크,
샬로잉,
릴리즈 패턴까지.

설명은 늘어났고
데이터는 정교해졌다.

그러나

레슨 현장에서
한 번도 사라진 적 없는
말이 있다.

"공을 보세요."

이 말은 기술이 아니다.
트렌드도 아니다.
설명조차 아니다.
지시다.

그리고
어쩌면
법칙이다.

나는
시각장애인 선수를
지도한 적이 있다.

그리고 그는
대회에서 우승했다.

그의 스윙을 보며
나는 오래된 질문을
다시 떠올렸다.

공을 보지 못하는 선수가
어떻게
공을 그렇게 정확히 맞출 수 있는가.

그때
깨달았다.

공을 보는 방법은
하나가 아니었다.

우리가 말하는
"공을 보라"에는
두 가지 의미가 있다.

하나는
눈이다.

머리를 남기고
시선을 흔들지 않고
끝까지 이미지를 유지하는 것.

눈은
단순한 카메라가 아니다.

시선이 흔들리면
균형이 먼저 흔들리고,
몸은 방어적으로 열린다.

그래서 우리는 말한다.
"머리를 들지 마라."

하지만
그 말의 진짜 의미는
고정이 아니다.

흔들리지 말라는 뜻이다.

또 하나는
몸이다.

눈이 보지 못해도
중심이 남아 있다면
스윙은 무너지지 않는다.

그 선수는
공을 보지 못했지만

흐름을 놓치지 않았다.
리듬을 잃지 않았고
축을 잃지 않았다.

그의 몸은 이미
공의 위치와
타이밍을 알고 있었다.

눈이 붙잡는 것이 아니라

중심이
붙잡는 상태.

나는
그 상태를
몸의 시선이라 부른다.

눈이 보든,
몸이 보든,
결국 남아야 하는 것은
중심이다.

왜 우리는 여전히
"공을 보라"고 말하는가.

그 말은
정확히 맞히기 위한
주문이 아니라

불안 앞에서
도망가지 않기 위한
문장이다.

불안이 올라오면
몸은먼저 달아난다.

상체가 열리고,
머리가 들리고,
손이 앞선다.

그 순간
코치는 말한다.

"공을 보세요."

그 말은 사실
이렇게 번역된다.

"급하게 확인하지 마세요."
"조금만 더 기다리세요."
"같이 가세요."

나는 이제
이 말을 조금 다르게 이해한다.

공을 보라는 것은
눈을 고정하라는 명령이 아니다.

흔들리지 말라는 명령이다.

눈과 몸이 같이 남아 있을 때
공은
끝까지 그 자리에 있다.

수없이 반복해온 말이지만
이제는
그 무게를 안다.

그 짧은 문장 안에는

오래된 시간과
인간의 균형을 지키려는 신경의 질서와,

보지 못했지만
끝내 놓치지 않았던
한 우승자의 스윙이
함께 담겨 있다.

나는 이제 안다.

공을 보라는 말은
정확히 맞히라는 뜻이 아니다.

흔들리지 말라는 뜻이다.
급해지지 말라는 뜻이다.
눈을 향한 지시가 아니라,

존재를
붙들라는

조용한
명령이라는 것을.

10 장
절차적 기억과 의도적 기억
Procedural Memory and Declarative Memory

100 타를 치는 사람이
어느 날 라운드를 다녀온뒤 말한다.

"어제는 그냥
아무 생각 없이
똑바로만 보내자고 했어요.

그랬더니
너무 잘 맞았어요."

그 말을 듣고
코치는 잠시 멈춘다.

그동안 가르친
어깨의 방향,
체중의 흐름,
손의 위치는 무엇이었을까.

그날 달라진 것은 기술이 아니었다.

그는 새로운 스윙을 만든 것이 아니라
스윙을 꺼내지 않았다.

생각을 덜어내자
몸이 대신 움직였다.

그 순간
기술은 사라지고
기억이 남았다.

이성보다 먼저 반응하는 기억,
반복 속에 저장된 움직임은
의도가 비워질 때
비로소 제자리를 찾는다.

그것이 절차적 기억이다.

하지만 그 시간은
헛된 시간이 아니다.

의도적 기억은
스윙을 완성하는 것이 아니라
길을 만드는
과정이다.

설명은
몸이 기억할 자리를
정리해주는 일이다.

절차적 기억은
설명으로 움직이지 않는다.

몸이
반복 속에서 쌓아온
축적된 신뢰다.

말로 꺼내 쓰는 기억이 아니라,

맡겼을 때
조용히 작동하는
기억이다.

막상 공을 칠 때는

설명이
앞에 서면 안된다.

초보자는
몰라서 잘 칠 때가 있다.

고수는
알아서
무너질 때가 있다.

잘된 날은
배운 것을
생각하지 않은 날이 아니라,

생각하지 않아도 되는
날이었다.

의도적 기억이 물러나고,
절차적 기억이
앞으로 나온 순간이다.

코치는
조용해졌을 뿐이다.

코치의 말이
몸으로 옮겨간 것이다.

좋은 레슨은
결국
사라진다.

PART IV

연습을 다시 생각하다.

Rethinking Practice

11 장

연습은 무엇을 쌓는가
What Practice Builds

연습은
반복이다.

반복은
통제를 만든다.

몸을 통제하고,
클럽을 통제하고,
방향을 통제하려 한다.

처음에는
그 통제가 필요하다.

기준이
없기 때문이다.

그러나
어느 순간부터

연습은
다른 질문을 던진다.

"지금 내가
통제하고 있는가,
아니면
정돈하고 있는가."

통제는
힘이 들어가고

정돈은
힘이 빠진다.

통제는 맞추려 하고,
정돈은
돌아오게 한다.

연습이쌓인다는 것은

통제가
늘어나는 것이 아니다.

정돈할 수 있는
시간이
늘어나는 것이다.

12 장

연습이 쌓일수록 스윙이 무거워지는 이유
Why the Swing Grows Heavier with Practice

연습이 쌓이면
스윙은
가벼워져야 한다.

그러나 현실은 다르다.

연습이 많아질수록
생각은 늘어나고,
동작은 복잡해지고,
몸은 점점 느려진다.

왜 그럴까.

우리는
골프를 시작하기도 전에
멋진 스윙에
대한 균형감을 가지고 있다.

친구의 폼,
가족의 말,
어떤 선수의
장면을 통해
어렴풋한 스윙의 그림을 배운다.

그렇게
하나의 기준을 품고 시작한다.

그러나 연습이 길어질수록
그 기준 위에

설명이 더해지고,
조언이 더해지고,
경험이 더해진다.

기준은 또렷해지기보다
겹쳐지기 시작한다.

100 타를 치는 사람이
105 타를 치는 사람을 가르친다.

라운드가 끝나면
둘 다 비슷한 점수다.

그런데도 조언은 끊이지 않는다.

성인은
남의 조언을 듣는 듯하지만
결국 자신의 결론을 따른다.

이미 알고 있다고 믿기 때문이다.

그래서 조언은 참고가 되고
결심은
늘 자기 몫이 된다.

그래서 잘 맞은 공도
쉽게 믿어버린다.

어느 날
학생이 말한다.

"이렇게 쳤는데 잘 맞던데요."

나는 그때 이렇게 말한다.

오류와 오류가 만나
좋은 결과를 만들 수 있다.
그 결과를 믿지 마라.

잘 맞은 공이
항상 옳은 스윙을 의미하지는 않는다.

몸은 우연을 기억하고
그 우연은
기준을 흐린다.

연습이 쌓일수록
우리는 결과를 믿기 시작하고
기준은 점점 희미해진다.

그리고 시대는
더 많은 것을
우리에게 건넨다.

인공지능은 계산하고,
데이터는 설명하며,
영상은 보여준다.

우리가 보지 못한 것까지
정밀하게 드러내 준다.

도움이 되는 것은 분명하다.
우리는 그 안에서 배우기도 한다.

그러나
스윙은 대신해 주지 않는다.

공을 치는 건
여전히 나다.

정보가 많아질수록
판단이 선명해지는 것이 아니라
오히려 흐려질 수 있다.

생각이 많아질수록
몸은 단단해지는 것이 아니라
순두부처럼 무너질 수 있다.

연습이 쌓일수록
무거워지는 이유는
근력이 부족해서가 아니다.

기준이 겹쳐졌기 때문이다.

그래서 필요한 것은
거부가 아니라
분별력이다.

무엇을 받아들이고
무엇을 덜어낼 것인가.

골퍼는
기준을 잃지 말아야 하고,

부모는
조급함에 흔들리지 말아야 하며,

코치는
도구에 기대어
주권을 넘기지 말아야 한다.

연습이란
더 많이 쌓는 일이 아니라

흔들리는 기준을
다시 또렷하게 만드는 일이다.

기준은 분명히 세우고
태도는 단단히 붙들어라.

중심을 지켜라.

13 장

그래서, 연습이란 무엇인가

연습은
통제를 배우는 시간이 아니다.

통제와 정돈을
구분하는
눈을 배우는 시간이다.

그 눈은
혼자 생기지 않는다.

우리는
레슨에서
그 눈을 배운다.

코치는
동작을 가르치는 사람이 아니다.

지금이 통제인지,
지금이 정돈인지
구분해주는 사람이다.

연습이 끝났을 때
공이 더 선명해졌다면

정돈이
이루어진 것이다.

좋은 연습은
통제에서 시작해
정돈으로 끝난다.

그리고
마지막에 남는 것은

하나

공.

PART V

시선은
환경에서 만들어진다.

Perception Is Shaped by the Environment

14 장

눈은 어디로 통하는가
Where Do the Eyes Lead Us

우리는
눈으로 본다고 생각한다.

하지만
정확히 말하면

우리는
눈을 통해
해석한다.

눈은
세상을 복사하지 않는다.

신호를 보낸다.

그 신호는
기억을 지나고,
감정을 지나고,
압박을 통과한다.

그래서
눈은
단순한 감각 기관이 아니다.

눈은
뇌로 통하는
가장 빠른 길이다.

공을 본다는 말은
시력의 문제가 아니다.

그 순간 우리는

앞 홀의
실수를 떠올리고,
이번 샷의 결과를 미리 걱정한다.

눈은
공을 보고 있지만

마음은
이미
결과를 보고 있다.

그래서
공은 하나인데,

그 안의 의미는
매번 달라진다.

같은 자리에 놓인 공도
어떤 날은 가볍고,
어떤 날은 무겁다.

공이 달라진 것이 아니다.

상태가 달라진 것이다.

우세안은 무엇인가
What Is the Dominant Eye

사람은
두 눈으로 보지만,

정보를 처리하는
기준은
하나다.

공간을 해석하는
기준점이고,

거리와 깊이를 판난하는
출발점이며,

타이밍을 읽는
시각적 중심축이다

문제는

많은 골퍼가
자신의 우세안을 모른 채

타인의 기준에
몸을 맞춘다는 점이다.

기준은
같을 수 있다.

하지만

공간을 읽는
축은
다르다.

기술이 문제가 아니다.

지각 구조의 차이다.

레슨을 하다 보면
이런 말을 자주 듣는다.

"보려고 하는데, 안 보여요."

그럴 때 나는
집중력이 부족하다고
말하지 않는다.

공을 보려고 애쓸수록
고개와 어깨가
더 굳는 경우가 있다.

그건
의지의 문제가 아니다.

시야가
이미
닫혔다는 신호다.

압박은
스윙을 흔드는 것이 아니라,

시야를
닫는다.

시야가 닫히면
몸은
움직임을 잃는다.

그래서 나는
그가 무엇을 보고 있는지보다

그가 무엇을
놓치고 있는지를 본다.

그래서 눈은
붙잡아야 할 대상이 아니다.

눈은 몸의 상태가 드러나는 자리다.

균형이 안정되고,
스윙이 자연스러워지고,
압박이 줄어들면,

눈은
저절로
조용해진다.

공은
여전히
같은 자리에 있다.

달라지는 것은

우리의
상태다.

그리고
결국 우리는
다시 공 앞에 선다.

PART VI

다시, 공을 보다.

Seeing the Ball Again

15 장

공을 보는 순간, 세상은 조용해진다.
The Moment You See the Ball, the World Grows Quiet

우리는 오랫동안
공을 '잘 보려' 노력해왔다.

고개를 고정하고,
눈을 붙잡고,
끝까지 시선을 유지하려 했다.

그러나 이제 질문이 달라진다.

우리는 정말 시선을 훈련해야 할까.

마음이 앞서 나가지 않고,
몸이 균형 위에 서 있고,
기억이 개입하지 않으며,
압박이 과도하지 않을 때,

시선은 자연스럽게 남는다.

그 순간,

공은 하나의 점이 아니라,
조용한 중심이 된다.

필드의 소음이 줄고,
타인의 시선이 희미해지고,
생각의 속도가 느려진다.

공을 본다는 것은
무언가를 붙잡는 일이 아니다.

흩어져 있던 것들이
한 곳으로 모이는 일이다.

시선은 통제의 결과가 아니라
정돈의 결과다.

공을 보는 순간
세상이 조용해진다.

16 장

공을 보지 않아도, 공은 보인다.
Even Without Looking at the Ball, You Still See It

잘 맞는 날을 떠올려보자.

그날은
특별히 더 보려고 하지 않았다.
오히려 공을 보려고 애쓴 적도 없다.

그저 서 있고,
느꼈고,
흐름을 믿었다.

그리고 임팩트 순간,
공은 분명히 있었다.

시선은 반복 속에서 안정되고,
몸은 자동화되고,
환경을 견딜 수 있게 될 때

공은
억지로 보지 않아도 보인다.

이것이 연습의 끝이 아니라,
연습이 만든 결과다.

그래서 이제
"공을 보라"는 말은 명령이 아니다.

하나의 상태를 가리키는 말이다.

스윙이 가벼울 때,
마음이 조용할 때,
균형이 남아 있을 때,
공은 이미 보이고 있다.

그래서 이제
"공을 보라"는 말은
기술이 아니라 태도며,
통제가 아니라 정돈이다.

Epilogue

다시, 공을 보라
See the Ball Again

시대는 변한다.
도구는 발전한다.
이론은 바뀐다.

우리는 더 많은 것을 알고,
더 많은 것을 본다.

스윙은 분석되고,
데이터는 수치로 말하고,
영상은 느리게 진실을 드러낸다.

인공지능은 계산하고
정확한 답을 제시한다.

도움이 되는 것은 분명하다.

나 역시 그 도움을 받는다.

그러나
아무리 많은 것을 분석해도
공을 보는 순간은
여전히
한 사람의 일이다.

공은 여전히
그 자리에 놓여 있다.

긴장이 올라오고,
호흡이 흔들리고,
생각이 많아지는 그 순간에도

공은

아무 말 없이
그 자리에 있다.

600년이 지난 지금도
레슨 현장에서 사라지지 않은 말.

이유는
단순해서가 아니라
본질이기 때문이다.

공을 보는 일은
기준의 문제다.

그리고
그 기준을 지켜내는 일은
태도의 문제다.

시대가 아무리 변해도
공 앞에 서는 사람은
늘 한 사람이다.

도구는 도구일 뿐,
결단은 사람의 몫이다.
그래서 나는
다시 그 말로 돌아간다.

공을 보라.

저자 소개 | Author Bio

고영관(Kyle Ko)은
한국에서 체육학을 전공하고
골프를 연구하며 가르치던 대학교수였다.

현재는 미국 캘리포니아 실리콘밸리에서
골프 아카데미를 운영하며
골프 교육과 선수 매니지먼트 영역에서 활동한다.
특히 주니어 골퍼 교육에
오랜 시간과 마음을 쏟아왔다.

한국에서 자라며 배운
훈련의 밀도와 책임감,

그리고 미국에서 경험한
자율과 개별성 중심의 교육 방식은
그에게 또 다른 질문을 남겼다.

그는 두 문화 사이에서 묻는다.

골프를 시작하는 사람부터
오랜시간 이어가는 사람까지
같은 스윙을 강요하지 않으면서,

몸이 다를 때
스윙은 어떻게 달라져야 하는가.

장애인 골프단을 이끌었던 경험은
그 질문을 더 이상 미룰 수 없게 했다.

보는 방식이 다르면,
가르치는 방식도 달라져야 하지 않는가.

그는 빠른 교정보다 깊은 이해를,
지시보다 질문을,
데이터보다
감각을 회복하는 골프를 꿈꾼다.

그가 만들어가고 싶은 골프는
결과에 쫓기기보다 집중의 과정을 존중하고,
기술을 쌓기보다 본질을 이해하는 환경이다.

스윙을 가르치지만
결국은 '보는 법'을 이야기하는 사람.

그는
골프를 통해
다시 중심으로 돌아가게 하는 코치다.

kyle@clickolf.com